KB123721

순간의
아이디어에서 탄생한
세계적 특허발명 이야기 2

포켓브러리
002

순간의
아이디어에서
탄생한

세계적
특허발명
이야기 2

왕연중 지음

idea

세창미디어

포켓브러리 002

순간의 아이디어에서 탄생한
세계적 특허발명 이야기 2

초판 1쇄 인쇄 2009년 10월 5일
초판 1쇄 발행 2009년 10월 10일

지은이 왕연중 | **펴낸이** 이방원

편집 김명희 · 김종훈 · 손소현 · 안효희 | **마케팅** 최성수

펴낸곳 세창미디어 | **출판신고** 1998년 1월 12일 제300-1998-3호
주소 120-050 서울시 서대문구 냉천동 182 냉천빌딩 4층
전화 723-8660 | **팩스** 720-4579
이메일 sc1992@empal.com
홈페이지 http://www.scpc.co.kr

ISBN 978-89-5586-098-6 04000
ISBN 978-89-5586-096-2(세트)

(순간의 아이디어에서 탄생한) 세계적 특허발명 이야기. 2 / 왕연중 지음.

— 서울 : 세창미디어, 2009
  p. ; cm — (포켓브러리 ; 002)

ISBN 978-89-5586-098-6 04000 : ₩5000
ISBN 978-89-5586-096-2(세트)

특허 발명[特許 發明]

502.9-KDC4
608-DDC21   CIP2009002978

지 금 은   발 명 시 대

이 책은 필자가 〈소년조선〉, 〈소년동아〉, 〈소년한
국〉, 〈일간 스포츠〉, 〈전자신문〉, 〈과학신문〉, 〈공업
신문〉, 기타 월간 전문지 및 대기업 사보 등에 연재했
던 글 중에서 발췌하여 발간한 《순간의 아이디어에서
탄생한 세계적 특허발명 이야기》를 보완하여 다시 발
간하는 것입니다.

1996년 초판 발간 후 꾸준히 사랑해 주시는 독자 여

러분에게 더 이상 재판으로 인사드리기에는 내용 및 편집에 문제점이 있어 내용도 보완하고 판형도 바꾸어 새로운 모습으로 인사드립니다.

이 책의 특징은 이론 위주에서 과감히 탈피하여 역사의 뒷장에 숨겨져 있던 주옥 같은 놀라운 발명 사례들을 추적하여 분석함으로써 누구나 스스로 아이디어를 창출하고, 이를 발명으로 꽃피울 수 있도록 하는 데 있습니다.

순간의 아이디어로 이룬 큰 발명, 작은 아이디어로 이룬 큰 발명, 작은 아이디어로 황금방석에 앉은 성공 사례들을 살펴보면 그 속에 누구나 발명가가 될 수 있는 길이 보이고, 실제로 그 길을 따라 많은 사람들이 발명가로 성공한 바 있습니다.

더욱이 사례 하나하나가 동화보다 아름답고 소설보다 흥미로워 일부 신문 · 잡지 · 사이버 공간에서는 발명동화 또는 발명소설로 소개되고 있기도 합니다.

이제 발명은 선택이 아니라 필수인 것 같습니다.

그런데 놀라운 사실은 발명은 누구나 할 수 있다는 데 있습니다. 이 책에 등장하는 주인공들을 보십시오. 많은 사람들이 무심코 관심 없이 지나쳐 버렸던 작은 일에서 발명을 하여 성공하고 있지 않습니까?

이들의 발명품에서도 '보다 편리하게, 보다 아름답게' 해야 할 것이 한두 가지가 아닐 것입니다. 그것을 발견하는 순간 당신은 발명가가 되는 것입니다.

세계 어느 나라 특허청에서나 '보다 편리하게' 하면 특허나 신용신안출원이 가능하고, '보다 아름답게' 하면 디자인출원이 가능하며, 등록을 받는 순간 세계가 인정하는 발명가가 되는 것입니다.

21세기는 발명시대입니다. 개인, 기업, 사회, 국가의 경쟁력을 발명이 좌우하는 시대입니다. 우리 모두 발명가가 됩시다. 제가 앞장서서 친절하게 발명가가 되는 길을 안내하겠습니다.

사람 자체가 부족한 탓으로 글 또한 부족함을 솔직히 시인하면서 따가운 채찍과 따뜻한 격려를 부탁드

립니다. 부족한 글을 다시 엮어 새로운 책으로 펴내 주신 사랑하는 세창미디어 임직원 여러분에게 하늘 같은 감사를 드립니다.

2009년 가을이 오는 관악산 기슭에서

왕 연 중

제1부 순 간 의   아 이 디 어 로   큰   발 명

제3부 작은 아이디어로 황금방석

순간의
아이디어로
큰 발명

순간의 아이디어에서 탄생한
세계적 특허발명 이야기 2

도넛 구멍

도넛은 밀가루로 만든 과자다. 이 과자는 우유와 달걀, 버터를 주로 사용해서 만들었기 때문에 부드럽고 맛도 좋다. 따라서 오늘날 어린이에서부터 노인에 이르기까지 폭넓게 사랑을 받고 있다. 도넛이 이처럼 많은 사람들로부터 사랑을 받고 있는 것이 비단 맛 때문만일까? 아니다. 독특한 모양 때문이다.

많은 사람들이 도넛이란 말을 들으면, 가운데 구멍이 뚫린 모양을 자연스럽게 떠올린다.

그러면 이 구멍은 누가 맨 먼저 뚫었을까?

미국의 한슨 크로켓 그레고리가 바로 도넛에 구멍을 낸 주인공이다. 1832년에 태어난 그는 미국 동북부 메인 주 연안에서 선장으로 일했다.

어린 시절 그레고리는 어머니가 만들어 주는 프라이드케이크를 몹시 좋아했다. 그런데 가끔 케이크 가운데가 익지 않은 채로 식탁에 올려지곤 했다. 그는 이것이 무척 아쉬웠고, 그 원인에 의문을 가지기 시작했다.

'어째서 가운데 부분만 익지 않는 것일까? 고루 익힐 수 있는 방법은 없을까?'

그러던 1847년 어느 날이었다.

그레고리는 여느 때와 마찬가지로 케이크 앞에서 골똘히 생각하다가, 케이크의 가운데 부분을 포크로 뚫어 구멍을 내어 보았다. 그러자 익지 않은 부분이 완전히 없어지는 것이었다. 그는 뛸 듯이 기뻤다.

'바로 이거야! 이렇게 하면 프라이드케이크를 완전히 익힐 수 있을 거야.'

이것이 도넛에 구멍을 낸 시초였다.

그런데 이렇게 착안된 구멍 뚫린 도넛의 요리법이 어떻게 유행하게 되었는가에 대해서는 또 하나의 숨겨진 사실이 있다.

1847년 그레고리의 선박이 바다에서 폭풍을 만나 고전하고 있었다. 배를 지키기 위해 그레고리는 뱃머리에서 잠시도 떠날 수 없었다. 요리사는 그레고리를 위해 도넛을 가져다주었다.

바로 그때였다.

바로 옆에 산처럼 큰 파도가 밀려왔다. 순간 그는 도넛을 타륜 손잡이 가운데 하나에 끼워 넣고 핸들을 두 손으로 단단히 붙잡았다.

파도가 물러간 다음, 손잡이에서 도넛을 꺼냈다. 그런데 도넛은 부스러지지도 않았고, 바닷물에 젖지도 않았다.

이 무용담 같은 이야기는 얼마 지나지 않아 뱃사람들에게 알려졌다. 선장들은 요리사에게 타륜 손잡이에 끼워 넣을 수 있는 도넛을 만들도록 주문했다.

그로부터 25년 후 메인 주 토마스톤의 존 F. 브론델은 처음으로 도넛에 구멍을 뚫는 기계를 발명해, 특허를 받았다.

물론 이 기계로 도넛을 대량 생산할 수 있게 되었다.

나침반 물통

등반대의 필수품으로 손꼽히는 물통과 나침반. 이 두 가지 물건을 하나로 만들어 크게 히트한 발명품이 있다.

이름 하여 뚜껑에 나침반을 붙인 물통. '연필+지우

개'라는 하이만의 발명품과 같은 원리인 이 물통도 세
계적인 발명으로 기록되고 있다.

　발명가는 산이 있어 세상 살맛이 난다는 일본의 젊
은 등반인 야마시타.

　야마시타는 일본의 산이라는 산은 모조리 정상을
정복할 정도로 등반에 관한 한 전문가였다. 그러나 원
숭이도 나무에서 떨어질 수 있듯 야마시타도 등반 도
중 길을 잃고 말았다.

　배낭을 뒤져 나침반을 찾았다. 그런데 이날따라 나
침반을 가져오지 않았다. 큰일이었다. 당일 코스여서
음식도 준비하지 않았는데 벌써 어두워지고 있었다.

　가진 것이라고는 허리에 찬 물통 하나가 전부였다.
그나마도 없었다면 살아날 수 없었을 것이라고 생각
하니 아찔한 생각까지 들었다. 우선 물 한 통으로 밤
을 새우기로 하고 물통 뚜껑을 열었다.

　그 순간 야마시타는 기발한 아이디어를 떠올렸다.

　'아무리 가깝고 낮은 산이라도 등산을 하려면 물통

을 가지고 간다. 그렇다면….'

야마시타는 물통 뚜껑에 나침반을 붙여 놓으면 나
침반 걱정은 하지 않아도 될 것이라는 생각을 했다.

성공이었다. 실용신안을 출원하여 등록을 받자 곧
바로 상품화되었다.

한정된 등반 인구로 인하여 많은 양이 팔릴 수는 없
었으나, 야마시타는 발명가로 화려하게 데뷔하여 역
사 속에 이름을 남겼다.

연식야구공

일본에 폭발적인 야구 붐을 일으킨 씨앗 중의 하나
는 '연식야구공.'

12세 소년 스즈카 에이치는 이 발명으로 백만장자
가 되는 홈런을 날렸다.

1916년 봄 일본 동경의 마루야마공원. 벌써 몇 달째 병석에 누워 있던 에이치는 따스한 봄을 맞아 아버지의 부축을 받으며 모처럼 공원 산책에 나섰다. 얼마만의 외출이던가. 에이치는 집 밖으로 나온 것만으로도 한없이 즐거웠다. 공원은 또래 소년들의 야구경기로 떠나갈듯 요란했다. 당시 일본에는 미국에서 막 전파된 야구가 선풍적인 인기를 끌어 공원이든 골목이든 가리지 않고 작은 공터만 있으면 어린이들의 연식야구경기가 벌어지곤 했다.

에이치는 한 시간이 넘도록 경기를 구경하고 있었다.

당시 사용되던 공은 '연식정구공.'

그러다보니 아무리 힘껏 배트를 휘둘러도 공은 좀처럼 시원하게 날아가지 못했다. 휙 솟아올랐다가도 약간의 바람만 불면 거꾸로 날아가는 촌극이 종종 벌어졌다. 이를 지켜본 에이치는 무척 안타까웠다.

'공이 힘차게 날아가면 더없이 즐거울 텐데.'

에이치는 친구들을 위해 보다 좋은 공을 만들어야

겠다고 마음먹는다.

몸이 아파 학교에 갈 수 없었기 때문에 오히려 충분한 연구시간을 가질 수 있었던 것이 불행 중 다행. 그는 틈만 있으면 아픈 것도 잊고 공을 만지작거리며 깊은 생각에 빠져들곤 했다.

어느덧 두 달이 지나 여름이 되고 그날따라 많은 비가 내리고 있었다. 외출을 서두르던 아버지가 발이 비에 젖는 것을 피하려고 고무장화를 꺼내 들었다. 고무장화의 두껍고 들쭉날쭉한 바닥이 에이치의 눈에 들어왔다. 그토록 원했던 착상을 얻는 순간이었다.

'거죽에 들쭉날쭉한 얕은 흠이 패인 고무공!'

아들의 생각에 감탄한 아버지는 서둘러 특허출원을 마치고 곧바로 생산에 착수했다. 생산기구는 고무를 녹이는 가열기와 금형 하나가 전부였고 공장은 헛간, 공원은 가족.

이렇게 나온 연식야구공은 수그러들 줄 모르는 야구 붐을 타고 날개 돋친 듯 팔려 나갔다.

몇 년 후 에이치 집안은 자연스레 백만장자 대열에 낄 수 있었다.

정확히 어느 정도의 양이 팔렸는지에 대한 기록은 없으나, 지금도 일본인들은 이것이 일본이 야구왕국으로 발돋움하는 계기가 되었다고 믿고 있다.

소변구가 있는 이중팬티

전 세계 남성들이 입고 있는 팬티의 99퍼센트는 어김없이 앞부분이 이중으로 되어 있고, 그 사이에 소변구가 있다.

누가 이 같은 구조의 팬티를 발명해 모든 남성들에

게 편리함을 안겨 주었을까?

주인공은 놀랍게도 지금으로부터 50여 년 전 신혼의 단꿈에 젖어있던 일본의 한 새색시. 본인의 의사에 따라 이름은 밝혀지지 않았으나 이 새색시는 이 발명으로 샐러리맨 남편을 한 순간에 유명 의류업체 대표로 만들었고, 자신은 여류발명가로서 명성을 떨칠 수 있었다.

갓 시집와 아직 시댁 식구들 얼굴조차 분간하기 어렵던 신혼 초. 이 새색시는 당돌하게도 남편이 입고 있는 팬티 소변구가 단추로 개폐되도록 만들어진 것이 몹시 마음에 걸렸다.

옆에서 보기에 급할 때 끄르기도 번거로웠지만 혹시 단추 끼우는 것을 잊기라도 하면 '그 놈'이 실례를 저지르기 때문이었다.

'좋은 방법이 없을까?'

남편 출근 후 새색시 일과는 남편의 팬티에 관한 연구였다. 난생 처음 대하는 남자 팬티에 관한 연구라서 신기하기도 했지만, 한편 몹시 부끄럽기도 했다.

남편 팬티를 만지작거리다 가족들에게 들켜 난처한 입장에 처한 적도 한두 번이 아니었다. 어느덧 6개월이나 지났는데도 연구는 제자리걸음을 되풀이하고 있었다.

그러던 어느 날 아침, 새색시는 남편이 출근 전에 이중으로 된 양복 깃 사이로 손을 집어넣어 안주머니 속의 지갑을 꺼내는 것을 보았다.

'그래 두 겹으로 만들어 포개지도록 하면 되겠구나.'

대개의 발명이 그렇듯이 문제의 실마리가 풀리면 90퍼센트는 성공. 나머지 과제는 시제품을 만드는 것이었다. 새색시는 남편이 퇴근하기 전에 쉽게 첫 작품을 완성시켰다. 불과 한나절 사이에 모든 작업이 이루어진 것이다.

"훌륭하구려, 특허를 받아 대량으로 생산합시다."

퇴근 후 아내의 역작을 만지작거리던 남편은 칭찬을 아끼지 않았다.

남편은 직장까지 그만두고 아예 집안에 생산시설을 갖추었다. 밤낮으로 생산되는 이중팬티의 인기는 가위 폭발적이었다.

　별도로 새롭게 들어가는 재료도 없어 기존의 팬티와 가격은 같으면서도 모든 남성들의 골칫거리를 간단하게 해결했으니 너무나 당연한 결과.

　2년 만에 일본 남자팬티 시장을 완전히 석권하여 연간 2,000만 엔의 순수익을 올리는 의류업체로 부상했다.

다리미덮개

유전 옆에 또 다른 유전이 있듯, 발명 옆에는 또 다른 발명이 있게 마련이다.

미국의 제이미 여사가 발명하여 부와 명예를 거머쥔 다리미덮개가 가장 대표적인 사례.

이야기는 지금으로부터 50여 년 전으로 거슬러 올라간다.

세계 제일로 손꼽히는 미국의 화학섬유회사인 듀폰이 섭씨 400도의 높은 열에서도 끄떡없이 견뎌내는 불연성 섬유를 발명하여 세계를 깜짝 놀라게 했다. 이 섬유는 성냥불을 들이대도 타지 않았고, 다리미에 전기를 꽂은 채 올려놓아도 아무 이상이 없었다.

듀폰은 광고 없이도 신문과 방송 보도만으로 전세계에 이 섬유를 알릴 수 있었고, 시장 또한 석권했다.

사람들은 이 놀라운 발명에 그저 감탄할 뿐이었다. 다만 제이미 여사만은 이 소식을 접하는 순간 이 섬유를 이용한 또 다른 발명을 생각했다.

'고열에 견디고, 불에도 타지 않는 섬유! 이것으로 만들 수 있는 물건이 무엇일까? 뭔가 인기 상품을 만들 수 있을 것 같은데….'

제이미 여사의 머릿속에는 온통 이 생각뿐이었다.

그러던 어느 날 오후, 이 날도 온갖 궁리를 하던 제

이미 여사는 다음 날 남편이 입을 바지를 다리미질하고 있었다.

바지를 펼쳐놓은 다음 그 위에 천을 덮고, 다시 그 위에 물을 뿌려 다리미질을 하자니 여간 불편한 게 아니었다.

또 바지 하나만 다리고 나면 덮었던 천이 누렇게 타버려 여간 낭비가 아니었다. 그렇다고 천을 덮지 않고 다릴 수도 없었다. 천을 덮지 않으면 옷이 반질반질해져서 보기가 흉하기 때문이었다. 이것은 제이미 여사뿐만 아니라 누구나 겪는 어려움이었다. 땀을 뻘뻘 흘리며 다리미질을 하던 제이미 여사의 머리에 순간 번쩍 스치는 아이디어가 있었다.

"그렇다. 바로 그것이다."

제이미 여사는 듀폰의 새 섬유로 다리미덮개를 만들면 만사형통이라는 생각을 떠올렸다.

즉시 행동에 옮겼다. 생각대로 여간 편리한 게 아니었다. 다리미에 덮개를 씌웠으므로 천을 덮을 필요가 없어진 것이다.

서둘러 특허출원을 마치고, 스스로 만들어 시장에 내놓아 보았다. 가위 폭발적인 인기였다.

소문은 순식간에 퍼졌고, 소문을 들은 한 의류업체가 제이미 여사에게 특허권 양도를 요청해왔다.

계약이 체결되자 이 의류업체는 '아이언 코드'라는 이름으로 대량생산에 들어갔고, 제이미 여사는 로열티(특허권 사용료)를 받아 돈방석에 앉을 수 있었다.

귀마개

눈이 내리면 골목길은 시끌벅적거린다. 눈싸움을
하는 어린이들이 거리에 가득하기 때문이다. 어린이
들은 눈이 오면 본능적으로 밖으로 뛰쳐나간다. 이 때
어머니들은 추위를 걱정하며 목도리를 둘러 주고, 귀

마개를 씌워 준다.

그런데 혹독한 겨울바람으로부터 귀를 보호해 주는 '귀마개'는 누가 처음 생각해낸 것일까?

체스터 그린우드가 그 주인공이다. 당시 15세 소년 이었던 체스터 그린우드는 크리스마스 선물로 스케이 트를 받고 싶어 했다. 그래서 틈만 나면 부모님께 스케이트를 사 달라고 졸랐다.

드디어 기다리던 크리스마스 날. 체스터 그린우드 는 부모님이 준비한 선물을 풀어 보았다. 그 안에는 꿈에도 그리던 스케이트가 들어 있었다.

"아버지! 고맙습니다. 어서 친구들에게 자랑했으면 좋겠어요."

아침 식사를 마치고 체스터 그린우드는 선물로 받 은 스케이트를 가지고 밖으로 나갔다.

그런데 밖으로 나간 지 한 시간도 안 되어 풀이 죽 은 채 집으로 돌아왔다. 어머니는 궁금해서 그 이유를 물었다.

"체스터 그린우드, 왜 벌써 돌아왔니?"

어머니의 부드러운 목소리에 체스터 그린우드는 천천히 고개를 들었다.

"엄마! 내 귀는 너무 약해요. 밖에서 조금만 놀아도 귀가 금세 얼어 버려요. 그래서 스케이트를 탈 수가 없어요."

체스터 그린우드는 투정 섞인 말투로 이야기했다.

아들의 말을 들은 어머니는 빙그레 웃으며 말했다.

"애야. 그럴 때는 손으로 귀를 감싸 주어라."

체스터 그린우드는 고개를 끄덕이고는 다시 밖으로 나갔다. 하지만 이번에도 한 시간이 채 안 돼 집으로 돌아왔다. 찬 바람을 견디다 못해 그만 귀에 동상이 걸린 것이었다.

체스터 그린우드의 아버지는 추운 날엔 밖에 나가지 말라고 당부했다. 체스터 그린우드는 벽에 걸린 스케이트를 보면서 한숨만 짓고 있었다.

'어떻게 하면 귀가 시렵지 않게 스케이트를 탈 수

있을까?'

여러 가지 생각을 하던 그는 어머니의 말씀에 따라 손으로 귀를 감싸 보았다. 무척 따뜻했다. 손으로 귀를 감싸고 스케이트를 타면 귀가 아프지 않을 것 같았다.

하지만 그런 자세로는 도저히 스케이트를 탈 수 없는 것이 문제였다.

한참을 생각하던 체스터 그린우드는 갑자기 자리에서 벌떡 일어났다.

"맞아! 손 대신에 털가죽으로 귀를 감싸면 되는 거야."

그는 곧바로 자신의 생각을 어머니에게 그림으로 설명했다. 어머니는 그림대로 철사를 둥그렇게 구부려서 털가죽을 덧대었다. 그리고는 그것을 체스터 그린우드의 모자 양쪽 귀 부분에 매달았다.

다음날, 체스터 그린우드는 귀마개가 달린 모자를 쓰고 호수로 나갔다. 이후 그의 어머니는 매우 바빠졌다. 그의 친구들이 귀마개를 만들어 달라고 부탁했기 때문이다.

귀마개를 찾는 사람들이 많아지자, 체스터 그린우드의 어머니는 귀마개를 만들어 팔기로 했다.

그리고 4년이 지난 1877년 3월 13일, 체스터 그린우드는 그의 디자인 발명품 귀마개를 특허출원하고 본격적인 귀마개 사업을 시작했다.

대성공이었다.

냉동법

　창의력이 뛰어난 우리 선조들은 이미 신라시대에 '석빙고'라는 곳에 얼음을 보관하여 1년 동안 사용하였다는 기록이 있고, 또 조선시대에는 서울에 '동빙고'와 '서빙고'라는 얼음 창고를 만들어, 겨우내 언 한강의 얼음을 보관하였다가 궁중에서 요긴하게 사용한

바도 있다.

그러나 이와 같은 얼음의 이용과는 다른 본격적인 '냉동법'을 처음 발명한 사람은 '크렌즈 버즈아이'라는 미국인이었다.

1923년 미국 동북지방에 있는 어느 해변 마을에서의 일이다. 바다까지 꽁꽁 얼어붙을 만큼 지독한 추위가 계속되던 어느 겨울날, 버즈아이는 멀지 않은 출항을 위해 부지런히 기선을 손질하고 있었다.

바로 그 날, 버즈아이는 아주 놀라운 광경을 목격하게 되었다.

'아니! 이 물고기는 두 달 전 항해 때 먹다가 남긴 것인데 어떻게 된 거지? 마치 이제 막 잡아 올린 것처럼 싱싱하다니!'

버즈아이는 추위로 붉어진 코를 비벼가며 그 물고기를 살피고 또 살폈다. 자신이 혹시 뭔가 착각을 하고 있는 것은 아닌가 싶기도 했지만, 자신의 손에 들린 물고기는 분명 두 달 전에 먹다 남긴 것이었다. 반

토막의 물고기는 마치 유리에 성에가 낀 것처럼 하얗게 얼어 있었다. 순간, 버즈아이는 매섭게 차가운 겨울날씨가 이 물고기를 썩지도 못할 만큼 꽁꽁 얼려놓은 것은 아닌가 하는 생각이 들었다.

'맞아, 바다까지 얼어붙는 영하의 날씨에 이놈도 얼어붙은 거야. 그래서 이처럼 아직도 신선한 걸 거야.'

여기까지 생각이 미친 버즈아이는 그 물고기를 팽개쳐 두고 즉시 집으로 달려왔다.

'그렇다면 쇠고기나 채소 등 다른 식품들도 이렇게 얼려 놓으면 오랫동안 신선도를 유지할 수 있을지도 모른다.'

집에 도착한 버즈아이는 토끼를 잡아 실험에 착수했다. 종이상자에 양초를 입히고, 그 안에 여러 개의 칸을 만들어 토끼고기와 얼음을 차례차례 채워 넣었다. 조금 후 토끼고기는 얼어붙어 손도 대지 못할 만큼 차가워졌다.

버즈아이는 이렇게 해서 얼린 토끼고기와 얼리지

않은 토끼고기를 놓고 어떤 것이 먼저 상하는가 살펴보았다.

그로부터 며칠이 지났다. 추운 겨울날씨로 얼리지 않은 토끼고기도 쉬 부패되지는 않았지만, 얼음을 갈아주며 보관한 토끼고기보다는 확실히 먼저 부패되는 냄새가 나기 시작했다.

버즈아이는 얼음을 채우지 않은 토끼고기가 심하게 부패되었을 때도, 칸 사이의 얼어붙은 토끼고기는 그대로인 것을 보고 특허출원을 하기로 결심했다.

특허출원을 마친 버즈아이는 식품회사인 제너럴 푸드를 찾아갔다. 제너럴 푸드는 마침 대량생산되어 출하된 식료품들이 금세 변질되어 반품되는 사례가 잦아져 회사운영에 큰 어려움을 겪고 있었다.

따라서 이 회사에서는 식품저장이 회사의 사활에 커다란 문제가 되고 있었다. 이에 고심하고 있던 제너럴 푸드는 버즈아이의 냉동법에 대한 설명을 듣고 그 자리에서 특허를 사기로 결정했다.

당시로서는 세계 최고 액수인 2,200달러에 특허를 판 버즈아이는 그 후 행복한 생활을 하게 되었고, 또 냉동법 이후 3백여 건이 넘는 발명을 하여 또 다른 특허들을 남겼다. 버즈아이의 냉동법을 이용해 식품저장의 어려움을 덜게 된 제너럴 푸드 역시 세계적인 기업으로 발돋움하여 오늘에 이르고 있다.

가죽 골무

바느질을 할 때 없어서는 안 되는 골무. 이 하찮은 골무도 손색없는 발명품.

월급쟁이였던 발명가는 이 발명품으로 인해 어엿한 중소기업 사장이 됐다.

발명가는 일본의 이시카와. 피혁공장에 다니던 그는 어느 날 아내가 생계를 돕기 위해 삯바느질을 하는 모습을 보게 되었다.

아내의 모습을 지켜보던 이시카와는 눈물이 핑 돌았다.

부인이 바느질을 하다말고 재봉용 곰보 쇠골무를 벗자 곱디곱던 손가락이 빨갛게 부어올라 있었고, 부인은 몹시 따가운 듯 입김으로 호호 불고는 다시 그 쇠골무를 끼고 바느질을 계속하는 것이었다.

'쯧쯧, 저 재봉용 곰보 쇠골무가 살에 박혀 저렇게 아파하는구나.'

이시카와는 당장이라도 부인에게 삯바느질을 그만두라고 하고 싶었으나, 자신의 월급으로는 도저히 생계를 꾸려나갈 수가 없었다.

'무슨 좋은 방법이 없을까?

이시카와는 손가락이 아프지 않은 골무를 만들어야겠다고 생각했다. 그러나 생각처럼 쉽지가 않았다.

그러던 어느 날, 공장에서 작업을 하던 이시카와는 쓰레기통에 버려진 가죽 조각을 발견했다.

'바로 이것이다.'

이시카와는 기발한 아이디어를 떠올렸다. 골무를 만들 때 쇠 대신 부드럽고 질긴 가죽을 사용하면 손가락이 아프지 않을 것이라고 확신한 것이다.

쉬는 시간을 이용하여 가죽골무를 하나 만든 이시카와는 퇴근하기가 무섭게 집으로 달려갔다.

"여보, 너무 훌륭해요. 바느질하기가 한결 쉬워졌어요. 정말 근사해요."

아내는 무척 기뻐했다. 손가락이 아프지 않으니 능률도 오르고, 이에 따라 수입도 늘어갔다.

이시카와는 가죽골무의 실용신안출원을 마치고, 골무공장을 설립하기로 했다. 원료는 다니던 피혁공장에서 얼마든지 무료로 구할 수 있었고, 작업은 안방에서도 가능해 별도의 공장을 설립할 돈이 필요하지도 않았다.

이시카와의 가죽골무는 금방 소문이 났고, 주문량도 날로 늘어갔다.

'그래, 내 일생의 승부를 이 골무에 한번 걸어 보겠어!'

그는 유사품의 난립을 막기 위해 신제품 개발에 힘을 기울였다.

가죽 안쪽에 셀룰로이드를 붙이기도 하고, 나무판자를 붙이기도 하는 등 무려 11종에 이르는 신제품을 개발해 실용신안등록을 받았다.

어느 사이 '골무'하면 '이시카와'라 할 정도로 그의 골무는 유명상품이 되어 있었다.

그 후, 50건이 넘는 골무를 개발한 이시카와는 '골무의 대부'라는 칭송을 들으며 부와 명예를 누릴 수 있었다.

완구강아지의 빨간 혀

일본에도 발명학회라는 단체가 있다. 회장은 세계
적인 발명저술인이자 발명가였던 도요자와 도요오.

우리나라에서는 한때 매월 한 차례의 발명교실이
개최되었지만, 도요자와가 운영하는 발명교실은 매주
일요일이면 어김없이 열렸다. 이 일요발명교실에 빠

짐없이 참석하는 사카이라는 완구발명가가 있었다.

사카이는 일요발명교실에 나올 때마다 한결같은 불만을 털어놓았다.

"내가 만드는 완구용 강아지가 하루에 50마리만 팔려도 먹고 살 수 있겠는데, 아무리 기를 쓰고 노력해도 30마리밖에 팔리지 않습니다."

그때 도요자와는 '강아지가 팔리지 않는 것은 손님들의 심리를 잘 파악하지 못했기 때문'이라고 설명하고, 디자인출원의 중요성을 강조하며 좀더 색다른 강아지를 만들어 보라고 조언했다. 그때부터 사카이는 생각하기 시작했다.

'이 스피츠를 사는 사람들은 대체 어떤 스피츠를 원하고 있을까.'

이렇게 반문해보자 곧 그 해답이 나왔다. 모두 귀여움을 원하고 있다고. 그래서 그는 귀여움은 어디서 나올까 생각하면서 자기 집의 강아지를 응시했다.

'만일 이 강아지가 입에서 빨간 혀를 내밀고 있다

면….'

그러나 혀를 만들려면 입을 벌린 다음 그 속에 빨간 헝겊을 붙여야 하기 때문에 무척 많은 노력이 들 것이다. 그러면 가격이 비싸지니까 어느 업자도 혀를 붙이려고 하지 않을 것이다.

'같은 가격으로 빨간 혀를 붙일 수 있는 방법은 없을까?'

그는 그것만을 생각하기 시작했다. 그 무렵 마침 빨간 비닐 테이프가 어린이 공작용으로 판매되기 시작했다. 그것을 사다가 비스듬히 끊어서 접착제를 발라 입 속에 넣어 보았더니 귀여워 보였다. 사카이는 이 강아지를 들고 다시 도요자와를 찾아갔다.

"훌륭합니다."

도요자와는 즉시 디자인출원을 하도록 안내해 주었다. 디자인출원을 마친 사카이는 당장 그때까지 만들어 오던 강아지에 혀를 달기 시작했다. 강아지의 입 부분에 송곳으로 구멍을 뚫고 그곳에 비스듬히 끊은 빨간 테이프에 접착제를 발라 밀어 넣으면 입과 혀가 한번에 완성되기 때문에 간단했다.

성공이었다. 하루 50마리만 팔면 먹고 살 수 있다던 강아지는 순식간에 2,000마리가 팔려 나갔다. 간단한 아이디어였지만 디자인권이 지키고 있어 모방품도 나오지 못했다.

빨간 혀 하나가 백만장자를 탄생시킨 것이다.

고래작살

'자! 떠나자. 신화처럼 소리치며 고래 잡으러….'

말만 들어도 가슴이 탁 트이고 스릴이 넘친다. 지금
은 국제조약상 금지되어 있지만, 십수 년 전까지만 해
도 고래사냥은 황금어획이었다.

이 붐을 타고 진짜 황금을 사냥한 사람은 고래사냥용 작살을 발명한 일본 도쿄대학의 헤다 교수.

제2차 세계대전 중 구축함에서 물밑 잠수함을 공격할 때 사용한 어뢰를 본따서 만든 이 작살은 뾰족한 끝을 잘라내 평평하게 한 것이 특징.

제2차 세계대전에 패망한 일본이 재기를 위해 혼신의 노력을 다하고 있을 무렵, 헤다 교수의 연구실은 밤마다 불이 환하게 밝혀져 있었다.

섬나라인 일본의 어업 중 부가가치가 가장 높은 고래사냥을 위해서는 사냥 도구인 작살을 과학적으로 만들어야 한다고 믿고, 그 작살을 연구하고 있었던 것이다.

'기존의 작살은 끝이 뾰족해서 바닷속에 있는 고래에 대한 명중률은 낮다.'

이는 작살이 고래를 향해 물을 헤치고 들어갈 때, 물의 반동으로 진로가 바뀌기 때문. 이런 작살로는 바닷속에 있는 고래사냥은 사실상 불가능했다.

이론적으로 작살 끝을 평평하게만 하면 된다. 그러나 작살 끝이 평평하면 고래의 몸에 잘 꽂히지 않을 것이라는 생각 때문에 아무도 시도조차 안 했었다. 그러나 헤다 교수의 생각은 달랐다.

'작살을 발사하는 포경포의 힘을 늘리면 되지 않겠는가?

대학 교수다운 생각이었다. 그리고 그의 생각은 적중했다. 즉시 세계 각국에 특허출원을 마치고 실물을 선보였다.

일본의 고래 포획량이 획기적으로 증가한 것은 당연한 결과. 1년 만에 일본은 세계 제일의 고래잡이 국가로 떠올랐다. 간단하기 짝이 없는 발명이었으나, 특허로 무장되어 모방은 생각조차 할 수 없는 일. 세계 고래사냥을 독점한 것은 순식간이었다.

고래사냥에 관한 한 오대양을 주름잡던 노르웨이까지도 엄청난 로열티를 주고 헤다 교수가 발명한 작살을 만들어 사용할 정도였다.

제2부

작은

아이디어로

큰 발명

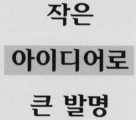

스테인리스 강철

스테인리스 강철은 어떤 악조건에서도 녹이 슬지 않기 때문에 특수강철로 내식성을 요하는 곳에 많이 쓰이고 있다.

발명가는 영국의 해리 브리얼리.

1912년 브리얼리는 영국 셰필드에 있는 어느 제강 회사 연구원으로 일하고 있었다. 그러던 어느 날, 브리얼리는 여느 때처럼 점심식사를 마친 후 공장 뜰을 거닐면서 무엇인지 깊은 생각에 잠겨 있었다. 그러다가 그는 공장 뜰 한 구석에 쌓여 있는 쇳조각과 작은 부스러기 더미에서 무엇인지 햇빛에 반사되어 계속 반짝거리고 있는 것을 보게 되었다.

브리얼리는 무심코 그 부스러기 더미 속에서 반짝이는 쇳조각을 주워들었다. 그것을 이리저리 살펴보던 브리얼리는 그것이 얼마 전에 철과 크롬을 합금하여 실험하다가 소용없는 것이라고 하여 버렸던 그 쇳조각임을 알게 되었다.

브리얼리는 손에 든 쇳조각이 전혀 녹이 슬지 않고, 오히려 햇빛에 반사되어 반짝거리는 사실에 호기심을 갖고 그 성분을 분석해 보기로 했다. 그 금속은 철과 크롬의 합금이었으므로 그 속에 포함된 철과 크롬의 비율을 측정해 보았다. 그리고 이어서 두 성분을 동일

한 비율로 녹여서 합금을 만들었다.

　브리얼리가 실험용으로 만든 이 합금은 비를 맞아도 녹이 슬지 않았고, 얼룩이 생기지도 않았다. 그러나 문제가 있었다. 브리얼리는 크롬 외에도 또 다른 금속을 섞어 가며 심혈을 기울여 연구에 몰두했다. 그리하여 수많은 실험 끝에 드디어 보통 강철과 같은 성능의 녹슬지 않는 강철, 즉 완벽한 스테인리스 강철을 발명하는 데 성공할 수 있었다.

오톨도톨 고무표면

세심함 관찰은 발명을 낳는다.

'껄끄러운 고무표면'이란 아이디어 하나로 갑부가

된 일본인 이다야 이와오가 좋은 예.

이다야는 작은 철공소를 경영하는 사람이었다.

좀 더 잘살아 보려고 열심히 일했으나 생활은 좀처럼 나아지질 않았다. 그러던 어느 추운 겨울날 저녁, 고무장갑을 끼고 설거지를 하던 아내가 접시를 떨어뜨려 깨고 말았다.

'이걸 어쩌나?'

아내는 무척 안타까운 표정이었다. 아내를 안심시킨 이다야는 고무장갑이 미끄러워 접시가 미끄러진 것을 발견했다.

다음 날 이다야는 시장에 나가 표면이 껄끄러운 고무장갑을 찾아보았다.

표면이 껄끄러운 고무장갑이 아직 발명되지 않음을 확인한 이다야는 즉시 특허출원을 마치고 소량이기는 하지만 생산에 착수했다.

폭발적인 인기였다. 생산되기가 무섭게 팔려 나갔다. 밀린 주문량만도 몇 년은 생산해야 할 정도였다.

이다야가 크게 성공하자 껄끄러운 고무장갑의 새로

운 용도를 알려 오는 소비자도 줄을 이었다. 이다야는 이들의 아이디어를 검토, 로열티(특허권 사용료)를 주고 사용하기도 했다.

첫 번째는 어느 병원의 간호사.

"환자들이 얼음주머니를 이마에 얹을 때 미끈거린다고 기분 나빠하는데 이 장갑처럼 껄끄럽게 만들면 어떨까요?"

이다야는 즉시 생산에 착수, 역시 대성공을 거두었다. 간호사에게는 로열티를 지급했는데, 로열티는 간호사 월급의 다섯 배가 넘었다.

두 번째는 이 간호사와 함께 근무하는 병원의 의사.

"껄끄러운 고무장갑의 원리로 수술 장갑을 만들고, 껄끄러운 강도를 낮춰 촉감이 좋은 콘돔을 만들면 어떨까요?"

이다야는 이 또한 생산에 착수, 또다시 대성공을 거두었다. 의사에게도 로열티를 지급했다.

세 번째는 신문팔이 소년.

"고무 골무를 껄끄럽게 만들면 신문을 헤아리기가 편리할 것 같습니다."

이 또한 크게 성공, 신문팔이 소년도 로열티를 받았다.

이 골무는 지금까지도 유행, 많은 서류를 취급하는 관공서와 회사에서 많이 사용되고 있다.

비디오 게임

'공부는 나이와 상관없다' 는 말이 있다. 발명도 마찬가지이다.

끊임없는 관찰과 계속되는 물음들. 이것이 인류의
생활을 윤택하고 행복하게 하는 원동력이다. 물론 이

러한 관찰력과 자신에 대한 쉼 없는 채찍질은 비단 젊은이에게만 있는 것이 아니다. 잘 살펴보면 60~70대 발명가도 꽤 많다.

우리가 지금 즐기고 있는 비디오 게임의 창시자 또한 67세의 노인이었다.

그의 이름은 랄프 H. 베어. 미국 뉴햄프셔 주 나슈아 시의 한 방위 산업 회사에 다니던 베어는 틈만 나면 공상에 빠져들곤 했다.

'이것들을 가지고 무엇을 할 수 있을까?'

그의 머릿속은 남아도는 폐품과 나사들에 대한 생각으로 항상 가득 차 있었다. 그는 또 동료들과 이야기 나누는 것을 좋아했고, 항상 밝은 얼굴로 인사했다.

그러던 어느 날, 베어의 머릿속에 새로운 생각 하나가 떠올랐다.

'미국의 각 가정에는 텔레비전이 있다. 심지어 한 집에 텔레비전이 두세 대씩도 있다. 이렇게 많은 텔레비전을 다르게 활용할 수 없을까?'

베어는 항상 이 문제를 생각했다. 밥을 먹을 때도, 길을 걸을 때도, 심지어는 화장실에 앉아 있을 때에도 생각을 멈추지 않았다.

'뭔가가 꼭 있을 거야. 600만 대가 넘는 텔레비전, 이것을 잘 이용한다면 멋진 사업을 할 수 있어.'

이렇게 몇 달이 흐른 뒤, 베어는 뉴욕의 어느 정류장에서 버스를 기다리고 있었다.

앞에는 손자뻘 되는 아이들이 뛰어다니고 있었다. 그는 아이들을 바라보다가 갑자기 무릎을 탁 쳤다.

"맞아! 게임을 하는 거야. 텔레비전으로 하는 게임. 얼마나 멋진가? 텔레비전을 가진 사람은 누구나 하고 싶어할 거야."

베어는 기쁨에 넘쳐서 외쳤다. 집으로 돌아온 베어는 틈틈이 텔레비전 앞에 앉아서 게임 만들기에 열중했다.

얼마 후 패크 맨이라는 이름의 게임을 만들었다.

"자, 이것 좀 봐. 패크 맨이 사람이 지시하는 대로

움직이지? 이것은 간단한 움직임이지만, 곧 복잡한 동작도 나타낼 수 있어. 좋지?"

베어는 몹시 흥분해서 동료들에게 자랑했다. 그러나 베어의 게임기를 못마땅하게 여기는 사람들도 있었다. 그가 속한 회사의 간부들이었다.

어느 날 아침, 베어는 자신의 작업실에 회사 간부를 초대했다.

"자, 한번 해보시겠어요? 제 동료들과 함께 만든 게임이랍니다."

베어는 자신이 만든 전자 사격 게임을 해보도록 권했다. 그 간부는 처음에는 별 반응을 보이지 않았다. 그러나 게임이 진행됨에 따라 점점 게임에 빠져들기 시작했다.

"정말 재미있네. 이것을 텔레비전에 연결만 하면 되는 건가?"

"예. 이 제품을 시장에 내놓으면 참 유익할 겁니다. 지원해 주실거죠?"

"좋아요. 단, 이 작업은 비밀리에 해야 합니다."

베어와 그의 동료는 기뻐서 소리를 질렀다.

이후 열심히 게임 개발에만 몰두했다. 그리고 1967년에는 패드 볼 게임과 하키 게임을 만들어 냈다.

그리고 5년 뒤인 1972년 4월 25일, 그는 특허청으로부터 특허로 등록되었다는 통지서를 받았다.

그 해 봄에는 마그나복스사를 통해 '오딧세이'라는 가정용 비디오 게임을 보급했고, 약 10만 개를 팔았다.

오늘날 전자오락이라는 이름으로 전 세계 완구 시장을 석권하고 있는 비디오 게임. 이것은 한 노인의 지치지 않는 관찰과 실천 속에서 만들어진 꿈의 기계였다.

아스피린

아 스 피 린

  아스피린의 발명가는 화학자였던 카를 도이스베르 그였다. 그는 이 발명을 통해 세계 제일의 제약업체 수장으로까지 부상하는 행운을 누리게 되었다.

1883년 가을 무렵, 카를은 바이엘 에르버펠트라는 물감회사를 설립했다. 청운의 꿈을 안고 설립한 회사였던 만큼 카를은 밤낮을 가리지 않고 열심히 일했다. 덕분에 카를의 회사는 물감업계의 독보적인 존재로 부상해 가고 있었다.

그러던 어느 날이었다. 이른 아침 무심코 신문을 뒤적거리던 카를은 신문 한 귀퉁이에서 색다른 기사를 발견했다. 기사의 요점은 안티피린이라는 해열제가 발명되었다는 간단한 것이었다. 그러나 신문 기사제목은 카를의 관심을 끌기에 충분한 것이었다.

〈실수로 탄생한 약품, 해열제 안티피린.〉

카를은 의아하게 생각하지 않을 수 없었다.

'아니, 약품이 실수에서 탄생하다니, 그런 일도 있나?'

호기심이 발동한 카를은 나머지 기사를 주의 깊게 읽어 내려갔다. 기사의 내용은 대충 다음과 같았다.

"전부터 사람들 사이에서는 나프탈렌에 해열성능

이 있다는 이야기가 전해지고 있었다. 이러한 이야기에 관심을 갖고 있던 두 젊은 의사들이 개의 열을 내리는 실험에 나프탈렌을 사용할 결심을 하게 되었다. 그런데 이 과정에서 실수가 발생했다. 나프탈렌을 구입하기 위해 약국을 찾은 이들에게 약국 주인이 아세트아닐리드라는 엉뚱한 약품을 줘버린 것이다. 그러나 운 좋게도 아세트아닐리드의 해열성능이 나프탈렌보다 월등히 나았다. 의사들은 바로 이 점에서 힌트를 얻어 새로운 해열제를 연구하기 시작했다. 마침내 그러한 노력의 결과로 새로운 약품이 탄생되었으니 바로 안티피린이다."

카를은 기사를 다 읽고 나서 놀라움을 감추지 못했다.

'그렇게 우연한 기회에 약품을 발명하다니. 발명이란 꼭 어렵고 복잡한 것만은 아니구나. 그렇다면 나도 한번 해보자!'

신문을 한쪽으로 밀어 놓고 카를은 자신의 공장 뜰을 생각하였다. 바이엘 에르버펠트 회사의 뜰은 언제

나 각종 쓰레기더미로 가득했다. 물감을 만들고 남은 폐기물을 그곳에 쌓아 놓고 있었기 때문이었다.

그 순간이었다. 문득 카를의 머리를 스치는 생각이 있었다.

'가만있자. 공장 뜰에 쌓인 폐기물의 성분과 안티피린 원료의 성분이 매우 흡사하지. 혹시 그렇다면? 그 쓰레기로 새로운 약품을 만들 수 있을지도 몰라!'

카를은 버려질 뻔했던 폐기물이 귀한 원료가 될지도 모른다는 생각을 하게 되었다.

그러한 카를의 생각은 적중했다.

카를은 회사 연구원들과 머리를 맞대고 연구에 몰두했다. 그리고 마침내 오랜 노력의 결과로 안티피린보다 성능이 뛰어난 새로운 해열제를 만들어 냈다.

'됐어! 이 정도면 지금까지 나온 어떤 해열제보다도 훌륭해!'

카를은 완성된 약품을 페나세틴이나 아스피린이라는 이름으로 본격적인 생산에 착수했다.

처음에는 물감을 만드는 회사에서 생산된 약품이라
는 이유 하나만으로 도무지 팔리지 않았다. 그러나 그
뛰어난 효과가 점차 알려지면서 날개 돋친 듯 팔려 나
갔다.

스펀지 고무

발포제

고무액

산업용 고무 제조법 발명으로 유명한 굿이어. 그는 스펀지 고무 발명가이기도 하다.

비록 사업에는 실패했지만 고무에 관한 한 전무후 무한 세계적인 고무 발명가로 손꼽히는 사람이 바로 굿이어이다. 세계적인 타이어 메이커인 굿이어타이어도 그의 이름에서 비롯된 것.

굿이어는 무엇이든 물음표(?)의 눈으로 바라보았고, 생활은 온통 발명의 연속이었다. 특히 고무에 있어서는 아예 미쳐버린 사람이었다. 그는 모자도, 옷도, 신발도, 장갑도 모두 고무로 만들어 입고 다녀 미친 사람으로 취급받기도 했다.

고무의 혁명으로 불리는 스펀지 고무도 바로 이 물음표의 눈에서 비롯된 발명이다.

어느 날 점심식사 시간에 일어난 일이다.

"여보! 이 빵 어때요?"

아내가 가져온 빵은 그동안 먹어온 빵과는 전혀 다른 것이었다. 즉 딱딱하게 굳었던 것이 말랑말랑하게 부드러워졌고, 크기도 종전의 빵과는 달리 훨씬 부풀어 있었다.

"어떻게 만든 거요?"

"베이킹파우더라는 발포제를 넣었을 뿐인데요."

순간 굿이어는 부드럽게 부풀어 오르는 고무, 즉 스펀지 고무를 생각해냈다.

'불가능할 것도 없지!'

굿이어는 발포제를 고무액 속에 넣어 보았다.

성공이었다. 특허로 등록된 것은 당연한 결과.

고무의 혁명으로 일컬어지는 이 스펀지 고무는 다른 제품에도 혁명을 가져왔다.

굿이어의 스펀지 고무 발명이 발포제 사용에서 비롯됐다는 사실이 알려지자 발포제를 사용한 발명이 줄을 이었다.

독일의 비닐 제조업자는 합성수지의 제조과정 중 공기를 불어넣는 기술을 발명했는데, 이것이 바로 최근 부인들이 거즈 대신에 사용하는 몰트 플레인이다.

비눗물 속에 빨대로 공기를 불어넣으면 부글부글 거품이 인다. 이 거품을 그대로 굳혀서 만든 것이 물에 뜨는 소프트 비누이다.

또 아이스크림에 이 특성을 응용한 것이 소프트 아

이스크림이고, 콘크리트에 응용한 것이 기포콘크리트다. 가볍고 강하므로 용도가 매우 다양하고, 더구나 공기를 포함하고 있기 때문에 단열·방음에도 효과적이어서 지하철 벽이나 방송국 등에 많이 사용되고 있다.

이 밖에 벽돌 속에 공기를 넣어 만든 기포벽돌과 유리 속에 거품을 넣어 만든 기포유리 등 발포제를 이용한 발명은 실로 그 범위와 용도가 무한대로 늘어가고 있다.

자동판매기

주인 없는 친절한 가게. 이름하여 자동판매기.

커피를 비롯한 각종 음료, 라면을 비롯한 각종 식품, 심지어는 전철승차권과 책까지도 돈만 넣으면 척척 내주고 거스름돈까지 정확하게 챙겨주는 자동판매기.

1920년부터 지구촌의 귀염둥이 가게 주인으로 등장한 자동판매기의 뿌리는 사실 150년이나 된다. 발명사의 기록에 따르면 첫 번째 발명가는 영국의 덴함.

당시 영국에서는 동전을 넣으면 움직이는 놀이기구가 유행이었다. 당시 이 놀이기구는 지금의 전자오락기만큼이나 인기가 있었다. 이 놀이기구를 바라보는 사람들은 한결같이 호기심뿐이었다.

그러나 덴함의 경우는 달랐다.

'동전을 넣으면 일정한 시간 동안 움직인다. 어떤 원리일까?'

덴함의 의문은 의외로 쉽게 풀렸다. 놀이기구 제작 회사를 찾은 덴함은 너무나도 간단한 원리에 허탈한 생각까지 들었다.

'동전의 무게로 작동이 가능하도록 만들어진 기구'라는 기술자의 설명을 믿고 싶지 않을 정도였다. 그러나 그것은 사실이었다.

집으로 돌아온 덴함은 기발한 착상을 떠올렸다. 동

전의 무게로 물건이 나올 수 있도록 하는 자동판매기를 생각한 것이다.

1857년 덴함은 1페니를 넣으면 그것이 슈트에 전해져서 떨어지고, 이때 용수철의 끝이 벗겨져서 우표가 나오는 자동판매기를 발명하였다. 당연히 특허로 출원하여 등록을 받았다.

덴함이 영국 발명계의 화제의 인물로 등장하는 데에는 부족함이 없었다. 그러나 바로 실용화되지는 못했다. 우선 투입된 동전이 진짜인지 가짜인지를 구분할 수 있는 감지기가 아직 발명되지 않았고, 당시만 해도 자동판매기가 절실히 필요하지도 않았기 때문이었다.

따라서 1880년대 공중전화기의 등장과 함께 개선이 이루어지고, 1900년대 들어 진가가 오르기 시작했다.

발명가 덴함은 가고 없지만, 지구촌 구석구석에 자리한 자동판매기마다 덴함의 영혼은 살아 숨쉬고 있다.

회전구이 기구

빙글빙글 돌아가는 회전구이 기구. 거리에 나가면 팥빵, 호떡, 빈대떡, 전 등을 굽는 모습을 볼 수 있다. 무심코 보아 온 이 구이 기구도 세계적인 발명품으로 손꼽히고 있다.

이 구이 기구가 돌아가며 각종 음식들이 구워지고

부쳐지는 모습을 보고 있노라면 신기하기도 하고 흥미롭기도 하다.

이 기구의 발명가는 독일의 헨리. 전 굽는 기구를 만드는 회사에 다니던 헨리는 불 위에 한 개의 팬을 올려놓고 전을 부치는 것이 비생산적이라고 생각, 새로운 기구를 만들어 보기로 결심했다. 전 하나를 부치는 데 너무 많은 시간이 들어 많은 양을 부쳐낼 수가 없어 상품화는 엄두도 낼 수 없었기 때문.

'전처럼 잘 팔리는 음식도 흔하지 않은데. 빨리 많은 양을 부쳐낼 수 있는 방법은 없을까?'

헨리는 이것만 만들어 내면 크게 인기를 끌 것이라 믿고 시간만 나면 연구에 몰두했다. 그러던 어느 날 헨리는 친구들과 함께 호텔식당에 가게 됐다.

호화롭지는 않지만 포근하고 중후한 느낌의 실내장식과 은은한 조명, 낮게 흐르는 음악 등 평소 헨리가 다니던 식당과는 분위기부터가 달랐다.

'이거 원, 자칫 잘못하다간 촌뜨기라는 소릴 듣겠

는데.'

헨리는 주위를 둘러보고는 조용히 식탁의자에 앉았
다. 그 순간 식탁 위의 회전원판이 눈에 띄었다.

'도대체 저 회전원판은 뭐하는 데 쓰이는 거지? 물
어볼 수도 없고. 어디 좀 기다려 보자. 조금 있으면 알
게 되겠지.'

한참을 기다리자, 호텔 종업원들이 음식을 가져와
회전원판 위에 올려놓았다.

'왜 음식을 모두 회전판 위에 올려놓는 걸까?'

헨리는 더욱 궁금해졌다. 잠시 후 친구들은 회전원
판을 돌려가며 입에 맞는 음식을 접시에 옮겨 담았다.
순간 헨리의 머릿속에는 기발한 착상이 떠올랐다.

'그래! 바로 이것이다.'

헨리는 자신도 모르는 사이에 탄성을 지르고 말았
다. 영문을 모르는 친구들은 헨리를 이상한 눈으로 바
라보았다. 대충 식사를 끝낸 헨리는 붙잡는 친구들을
뿌리치고 황급히 집으로 돌아왔다.

'내가 왜 진작 이것을 생각하지 못했을까.'

헨리는 식탁 위 회전원판의 원리를 응용하여 회전구이 기구의 도면을 그리기 시작했다. 열 개의 팬을 둥글게 연결하여 빙글빙글 돌리면서 각종 음식을 부치는 기구였다.

그는 서둘러 특허출원을 마쳤다. 그리고 다니던 회사까지 그만두고 본격적인 생산에 착수했다.

한 시간 동안 열 개 정도밖에 부칠 수 없었던 기존구이 기구에 비해 헨리가 만든 회전구이 기구는 300개나 되는 전을 부칠 수 있어 비교도 할 수 없을 만큼 월등한 성능을 나타냈다.

그의 회전구이 기구는 이러한 우수성 때문에 생산되기가 무섭게 팔려 나갔다. 전이 대량으로 필요한 식당과 병원 등에서는 서로 먼저 사려고 아우성이었다. 수출도 활기를 띠었다.

사업을 시작한 지 2년이 지나자 헨리의 모습은 어엿한 중견기업의 사장으로 변해 있었다.

매직테이프

   갓난아기의 기저귀 여밈에서부터 시계밴드, 허리띠, 운동화 끈, 주머니덮개, 기차의 좌석커버, 우주복에 이르기까지 폭넓게 사용되는 매직테이프.
   사냥광이었던 스위스인 조르주 도메스트랄은 이 작

은 발명으로 세계 100대 기업 중 하나인 '벨크로 社'를 탄생시켰다.

애초 기술자가 되고자 했던 그는 모든 게 여의치 않자 취미로 시작한 사냥에 푹 빠졌다.

그러던 1935년 어느 가을날, 도메스트랄은 여느 때와 다름없이 애견 '번개'와 함께 사냥 길에 나섰다.

산토끼를 발견한 번개가 앞서 달리자 정신없이 뒤따라가다 그만 산 우엉이 우거진 숲 속으로 뛰어들게 됐다.

번개의 도움으로 고생 끝에 살찐 산토끼를 잡는 데는 일단 성공했으나 숲에서 나온 그의 모습은 가관이었다. 옷 여기저기에 산 우엉 가시가 더덕더덕 붙어 고슴도치나 다름없었다. 옷을 벗어 힘껏 털어 보았으나 가시는 좀처럼 떨어지지 않았다.

'산 우엉 가시는 왜 잘 떨어지지 않을까?'

모두들 대수롭지 않게 지나쳐 버릴 일이었지만 그의 생각은 달랐다.

'틀림없이 이유가 있을 것이다.'

집으로 돌아온 도메스트랄은 확대경으로 산 우엉 가시를 자세히 살펴보았다.

가시는 갈고리 모양이었다. 순간 그의 머릿속에는 무엇인가 빠르게 스쳐 지나갔다.

그는 곧바로 한 쪽에 갈고리가 있고 다른 쪽에는 걸림 고리가 있는 테이프를 만들어 서로 붙여보았다.

그의 예상은 그대로 적중했다. 양쪽 면이 서로 닿는 순간 철컥 붙었다가 약간의 힘을 가하면 '지직' 소리와 함께 떨어졌다. 여간 신기하고 편리한 게 아니었다.

도메스트랄은 특허를 출원하고 '벨크로'라는 상호와 상표 아래 매직테이프 생산에 들어갔다.

복잡한 공정이 필요 없어 도메스트랄 자신이 기술자 겸 사장으로 운영한 벨크로 社는 몇 년 만에 미국과 일본에 현지공장을 세울 정도로 번창했다.

때맞춰 제2차 세계대전이 터져 군복과 군화에까지 채택돼 세계적인 기업으로 성장할 수 있었다.

실내화

　사랑이 발명의 뿌리가 된 경우도 많다.

　특히 가정주부들의 발명 중에 이러한 것들이 많은

데, 대부분 가족들을 위해 만든 것이 자신도 모르는

사이에 세계적인 발명품이 된 것이다.

실내화도 사랑에서 비롯되었다.

발명가는 60대 초반의 할머니였던 마츠이 여사. 마츠이는 발명이 뭔지도 모르는 전형적인 할머니였다.

어느 추운 겨울날, 아들 내외가 외출하자 마츠이 여사는 두 살 난 손자와 큰 집을 지키고 있었다. 이제 막 걸음마를 배운 손자는 온 집안을 돌아다녔다.

비틀거리며 아장아장 걷는 모습에 마츠이 여사는 마냥 즐겁기만 했다.

양말 신은 발이 미끄러운 듯 금방 넘어질 것 같았다. 그래서 양말을 벗겼는데 발이 시린 듯 발가락을 움츠렸다.

'무슨 좋은 방법이 없을까?'

마츠이 여사는 복도에서 미끄러지지 않는 양말을 생각했다.

어려운 일이 아니었다. 그날 밤 마츠이 여사는 손자의 양말 바닥에 고무를 둥글게 잘라 붙여 보았다. 신기하리만큼 미끄럽지도 않았지만 여간 따뜻한 게 아니었다.

마츠이 여사는 손자가 즐겁게 노는 모습을 보고 아
들과 며느리에게도 만들어주며 실내에서 신발 대신
신도록 했다.

양말 윗부분을 잘라내고 쉽게 신고 벗을 수 있도록
되어 있어 여간 편리한 게 아니었다.

'어머니가 만드셨어요?'

아들은 어머니가 만든 슬리퍼를 신어보는 순간 특
허를 생각했다. 다음 날 서둘러 특허출원을 마치고 만
들어 시장에 내놓아 보았다.

성공이었다.

만들기가 무섭게 팔려 나갔다. 요즘 모든 가정의 실
내화는 이렇게 해서 탄생되었다.

당시 소감을 묻는 기자들에게 마츠이 여사가 남긴
한마디 '오직 사랑'이라는 말은 발명계에 교훈이 되
고 있다.

추잉껌

비닐

    많은 사람들의 사랑을 받고 있는 기호품인 추잉껌
은 과연 누구의 머리에서 비롯된 것일까.

    제2차 세계대전이 끝난 1945년 겨울. 패망한 일본
동경에 주재하던 미군 부대 주변에는 수많은 어린이

들이 미군들이 씹고 버리는 고무 껌을 줍기 위해 떼지어 몰려들었다. 이 처량한 광경을 며칠째 한쪽 구석에서 조용히 지켜보는 사나이가 있었다.

참전 후 만주에서 귀국, 하리스식품이라는 조그만 업체를 운영하던 야마모토였다.

'큰일이구나, 일본에서도 빨리 껌을 만들어 이 비참한 모습을 빨리 지워야 할 텐데….'

그러나 당시 일본에는 껌의 원료가 되는 고무가 전혀 없었다. 야마모토는 궁여지책으로 고무를 대신할 만한 새로운 원료를 찾아보았으나 그리 쉬운 일은 아니었다.

'그래, 고무 대신 비닐을 쓰면 어떨까'

새로운 원료를 찾아낸 그는 비닐에 포도당과 박하를 넣어 버무려 보았다. 일단 껌은 만들어졌으나, 비닐에 들어 있는 초산 냄새가 너무 역겨워 도저히 씹을 수가 없었다.

즉시 비닐회사로 달려간 그는 초산 냄새가 나지 않

는 비닐 생산을 부탁했다. 의외로 어려운 일이 아니었다. 그 날로 원했던 비닐이 나왔고, 다른 모든 과정도 이미 준비되어 있었기 때문에 세계 최초의 추잉껌 발명은 순조롭게 이루어졌다.

다음 날 곧바로 특허가 출원되고 드디어 추잉껌이 시장에 첫 선을 보이자, 불티나게 팔려 나갔다. 가내공업 회사인 하리스식품의 생산 능력으로는 일본 내에서 밀려드는 수요조차 감당하기 힘들었다. 여기에 미국을 비롯한 세계 50여 국의 수입상들이 새로운 껌을 사려고 몰려들었다.

제3부

작은

아이디어로

황금방석

순간의 아이디어에서 탄생한
세계적 발명특허 이야기 2

철조망

    13세의 어린 나이에 철조망을 만들어, 돈과 명예를 한꺼번에 얻은 발명가 조셉. 그가 특허권이 끝날 때까지 벌어들인 돈은, 미국의 공인 회계사 11명이 1년 동안 일해도 다 계산하지 못할 만큼 엄청난 금액이었다.

또한 1918년 제1차 세계대전이 끝날 때까지 사용된 조셉의 철조망은 전쟁에 사용된 포탄보다 훨씬 많았다고 한다.

미국의 한 가난한 대장장이 아들로 태어난 조셉은 평범한 어린 시절을 보냈다. 그러나 그는 아주 사소한 것도 눈여겨보는 뛰어난 관찰력을 지니고 있었다.

초등학교를 졸업한 조셉은 가정 형편상 중학교에 진학할 수가 없었다.

자신의 처지를 깨달은 조셉은 일찍부터 목축업으로 성공해 보겠다고 결심했다.

목동이 된 조셉은 그 곳에서 양들이 울타리 너머로 도망가지 못하도록 지키는 일을 하고 있었다.

양들이 풀을 뜯고 있을 동안, 그는 책을 읽으며 자신의 푸른 꿈을 설계했다. 그러던 어느 한가한 오후, 다급한 주인의 목소리가 들려왔다.

"조셉! 도대체 뭘 하고 있는 거냐? 저길 좀 봐라."

주인이 가리키는 곳을 바라본 조셉은 정신이 아찔

했다. 몇 마리의 양이 울타리를 넘어가 남의 농작물을 엉망으로 만들고 있었다.

당시 울타리는 철사를 빨랫줄 모양으로 연결시키거나 말뚝을 박은 것이 고작이었다. 이후 조셉은 울타리를 돌며 양들을 감시했다.

그러나 양들은 조셉의 눈을 피해 이웃의 농작물을 계속 망쳐 놓기 일쑤였다.

조셉은 '무슨 좋은 방법이 없을까?' 하며 밤낮으로 고민하기 시작했다.

그러던 어느 날, 조셉은 놀라운 사실을 발견했다. 양들은 가시가 있는 장미 넝쿨 쪽을 피해, 막대기나 철사로 된 울타리 쪽으로만 넘어가고 있었다. 조셉은 미소를 지었다. 그 날부터 조셉은 장미 넝쿨을 조금씩 잘라 울타리에 매었다. 그러자 한동안 양들은 울타리를 넘지 않았다. 그러나 곧 꾀가 생긴 양들은 머리를 비벼 울타리 넝쿨을 떨어뜨리고 다시 넘어가기 시작했다.

어느 날, 조셉은 놀라운 사실을 하나 더 발견했다. 철사를 두 가닥으로 꼬아 연결한 다음 잘라버린 부분에 5센티미터 정도의 철사가시가 생긴 것을 본 것이다.

순간 조셉의 머릿속에는 기발한 생각이 떠올랐다.

'맞아! 철사 울타리에도 가시 넝쿨처럼 철사로 가시를 만들어 붙이면 되겠구나.'

그는 곧장 대장간에 가서 펜치와 철사를 구해 왔다. 그리고 나서 울타리에 철사 토막을 넣어 새끼처럼 꼬아 붙이는 작업을 계속했다.

완성된 철사가시는 가시넝쿨보다 수명도 훨씬 길고, 그 끝도 몇 배나 날카로웠다. 다음날 아침, 목장을 살피러 온 주인이 깜짝 놀라며 말했다.

"조셉, 정말 대단한 발명을 했구나. 빨리 특허출원을 해야겠다."

조셉은 목장 주인의 도움으로 특허출원을 하고 목장 관리인이 되었다.

이후 철사가시 울타리는 크게 소문이 났다.

조셉은 밀려오는 주문을 감당하기조차 힘들었다. 1년 후, 조셉의 철사가시는 미국을 비롯한 세계 각국의 특허청에 등록되었다.

포스트잇

1970년 화학제품·의료기 등을 만드는 미국 회사 '3M'의 중앙연구소 연구원 스펜서 실버는 잘 붙기도 하고 반대로 잘 떨어지는 접착제를 만들었다.

당시 주변 사람들은 새 접착제를 신기하게 여겼지만 결국 쓸모를 찾지 못했다.

"붙었다가 떨어지는 접착제를 어디에 씁니까?"라는 반응이었다.

접착제의 본래 기능은 한 번 붙으면 잘 떨어지지 않아야 하는 것인데 이 물질은 반대였기 때문이다.

영영 잊혀질 뻔했던 스펜서 실버의 접착제를 되살린 것은 같은 회사 테이프 사업부에서 일하던 동갑내기 아트 프라이였다.

프라이는 매주 일요일이면 교회 성가대에서 노래를 불렀다. 그는 그 날 부를 찬송가 페이지에 찾기 쉽도록 종이를 끼워 넣었는데, 그 종이가 자꾸 빠져 나가 원하는 페이지를 찾느라 허둥대곤 했다.

1974년 어느 날, 이를 고민하던 그의 머리에 떠오른 것은 스펜서 실버의 접착제였다. 그 접착제를 종이에 바르면 쉽게 붙일 수 있고 다시 떼어낼 때 찬송가 책이 찢어지지 않을 것이란 생각이었다.

| 포스트 잇을 들고 있는 아트 프라이

아트 프라이는 연구를 거듭했다. 마침내 붙였다가도 말끔하게 떼어낼 수 있는 적당한 수준의 접착제를 바른 종이 조각을 개발했다. 포스트 잇(Post It)이라고 이름 붙여 1981년부터 팔기 시작했다.

처음에는 '이런 것을 어디에 쓰느냐?'는 평가였지만 얼마 가지 않아 사무실에 없어서는 안 될 물건이 됐다. 서류에 간단하게 붙여 표시하거나 그날그날 해야 할 일을 적어 책상머리에 붙여 두는 메모지로 제격이었기 때문이다.

포스트 잇은 이렇게 쓸모없는 발명품에서 최고의 사랑을 받는 사무용품으로 거듭났다. 생각을 바꿔 새로운 사용 분야를 찾아낸 덕분이다.

이 상품은 AP통신이 정한 '20세기 10대 히트 상품'
에 포함됐다.

현재 국내에서는 모닝글로리, 두리, 이젠, 3M 등의
업체가 포스트 잇과 비슷한 종류의 '재접착 메모지'
를 만들어 내고 있다.

십자(+)나사못

하찮은 십자(+) 나사못과 십자(+) 드라이버도 세계
적인 발명품이었다.

발명가는 라디오 수리공이었던 필립이라는 소년.

아버지가 병환으로 세상을 떠나자 그는 중학교를 중퇴하고 견습공으로 1년을 고생한 결과 수리공이 됐다.

하루 12시간 일에 매달리는 고된 직업이었지만 직업에 대한 긍지와 보람을 느끼고 있었다. 자신의 기술로 고친 고장 난 라디오에서 아름다운 소리가 흘러나올 때는 환희를 느끼곤 했다.

어느 날 그에게 큰 문제가 발생했다. 고장 난 라디오의 일(−)자 나사못을 빼야 수리를 할 수 있는데 일(−)자 홈이 완전히 닳아 드라이버의 날을 들이댈 수도 없었던 것이다.

그는 할 수 없이 망가진 일자 홈을 무시하고 그 자리에 십자 홈을 파기로 했다. 무심코 한 이 행위가 세계적인 발명인 줄은 전혀 몰랐다. 단순히 한쪽(−)이 망가지면 다른 한쪽(ǀ)을 사용한다는 생각뿐이었다.

얼마 후 십자로 파 놓은 나사못의 홈이 일자처럼 쉽게 망가지지 않는다는 사실도 발견했다. 또 드라이버도 십자로 만들면 홈에 미치는 드라이버의 힘이 일자에서 십자로 분산돼 힘을 배가시킬 수 있고, 홈이 잘 망가지지 않는다는 것도 알아냈다.

이후 자신이 사용하는 나사못과 드라이버를 모두 일자에서 십자로 바꾸어 고장 난 라디오를 수리했다. 여간 편리한 게 아니었다.

그는 서둘러 세계 각국에 특허를 출원했다. 당시 그의 나이는 16세.

특허로 등록되자마자 전 산업계는 발칵 뒤집혔다. 십자 나사못은 라디오는 물론 세상의 온갖 기구와 기계에 사용되면서 그 위력을 유감없이 발휘하게 된 것이다. 일자 나사못의 홈이 쉽게 망가져 고생을 하던 모든 수리공들에게는 구세주의 은총보다 더 큰 선물이었다.

필립이 가내공업으로 세운 회사는 1년 사이에 1,000여 명의 종업원을 거느리는 대기업으로 일약 성장했다.

유선형 만년필대

    대개 훌륭한 발명은 양과 질에서 상승작용을 일으
킨다. 불편함을 없애기 위한 한 사람의 단순한 아이디
어나 간단한 기지가 많은 이들에게 그 혜택을 주기 때

문이다.

오늘날 '만년필의 제왕'으로 불리는 파커만년필.

만년필 가게 수리공이었던 파커는 각진 만년필대를 유선형으로 바꾼 디자인 하나로 파커만년필 회사의 반석을 다졌다.

파커가 만년필 가게에 취업한 것은 14세 때. 초등학교를 졸업하고 채 철이 들기도 전에 생활전선에 뛰어든 그는 열심히 일했고 4년 뒤에는 이 방면에서 경쟁자가 없을 정도로 돋보이는 숙련 기술자로 발돋움했다. 당연히 월급도 많이 받게 되었고, 자신의 직업에 대한 긍지도 대단했다. 그런데 어느 날 여자 친구의 말 한마디가 도화선이 돼 파커는 깊은 회의에 빠진다.

"네가 아무리 만년필 수리를 잘해도 높은 사람이나 부자가 될 수는 없을 거야."

파커는 이 날부터 출근조차 하지 않고 방황하기 시작한다. 파커의 결근으로 가장 큰 손해를 본 사람은 만년필 가게 주인. 몸이 바싹 달아오른 그는 즉시 파커를 찾아가 워터맨의 펜촉 발명이야기를 들려주었다.

순간 소금에 절인 듯 풀이 죽어 있던 파커의 얼굴에 활기가 넘쳤다. 주인을 따라 가벼운 발걸음으로 다시 출근한 그의 하루하루는 또 다시 즐거움으로 가득 찼다.

이때 파커의 머리 속에는 이미 '유선형 만년필대'라는 아이디어가 자리 잡고 있었다.

그 무렵은 자동차도 비행기도 모두 유선형이었고 각종 생활용품도 유선형으로 바뀌는 '유선형의 전성시대'였다.

'만년필대도 유선형으로 만들면 틀림없이 성공할 수 있을 거야.'

서둘러 디자인출원을 마친 그는 밤마다 날렵한 유선형 만년필대를 만들었다. 판매처는 자신이 일하는 만년필 가게.

파커의 생각은 적중했다. 밤새워 생산하면 낮에는 한 시간도 못 돼 동이 났다. 이에 파커는 이내 만년필 가게를 그만두고 자신의 회사를 차렸다. 오로지 유선형이라는 한 가지 특징밖에 없었으나 파커의 만년필은 대기업 제품들을 체치고 그해 시장점유율 1위에 올라섰다.

돌풍 같은 파커만년필의 등장에 당황한 대기업들이 이를 모방해 만들려 해도 디자인권에 꽁꽁 묶여 전혀 손을 쓸 수가 없었다.

파커만년필의 인기는 거칠 것 없는 상승기류를 타고 치솟아 판매액은 매년 두 배 이상 쑥쑥 늘어났고, 세계 각국에 수출하기 이르렀다.

펜 촉

    아직도 전 세계 많은 사람들이 사용하고 있는 펜촉
은 46세까지 보험 회사의 말단 영업사원으로 근무하
던 루이스 워터맨이 1883년 발명한 걸작이다.

이 발명 이야기는 미국 뉴욕의 한 빈민촌에서 시작된다.

워터맨은 보험계약실적이 부진하여 좀체 가난에서 벗어날 수가 없었다. 한 달에 한두 건 계약이 고작이었다.

그러던 어느 날 모처럼 고액의 계약이 한 건 이루어져 서명하려는 순간 잉크 한 방울이 뚝 떨어져 계약서를 망쳐 버렸다. 계약자는 그것이 불길한 징조라며 다 된 계약을 취소해 버리는 것이 아닌가.

당시의 펜촉모양은 구멍이 없어 잉크가 잘 떨어지곤 했다.

워터맨은 너무 분하여 회사를 그만두고 잉크가 잘 떨어지지 않는 펜촉을 발명하기로 결심했다.

수많은 펜촉을 사다가 밤낮으로 가위와 줄을 이용하여 새로운 모양의 펜촉을 만들어 보았다. 그러나 생각처럼 쉬운 일이 아니었다.

연구는 한 달이 넘도록 계속되었다. 그 동안 버린

펜촉만도 1,000개를 넘었다.

계절도 여름에서 가을로 바뀔 때쯤. 드디어 펜촉 가운데에 작은 구멍을 뚫고 그 아래 부분을 예리하게 갈라 새로운 펜촉을 만드는 데 성공했다.

이 새로운 펜촉은 자신이 생각했던 것보다도 글씨가 잘 써지고 잉크도 잘 떨어지지 않았다.

즉시 특허청에 특허로 출원했고, 밤새 만든 펜촉은 수요를 따라가지 못했다. 한 마디로 날개 돋친 듯 팔려 나간 것이다.

많은 기업들이 모방하여 만들려 해도 특허등록 때문에 신통한 방법이 없었다. 이에 30여 개의 기업이 지역별 통상실시권 사용 요청을 해왔다.

워터맨은 이들 기업에게 판매가격의 2퍼센트에 해당하는 로열티를 받는 조건으로 통상실시권을 주었다.

이후 그는 연간 10만 달러씩 벌어들일 수 있었다.

한 빈민촌에서 가난하게 살던 워터맨은 수백만 달러를 벌어 대궐 같은 집에서 행복한 여생을 보냈다고 한다.

    또 당시 대통령과 장관 이름을 모르는 사람은 있어
도 워터맨의 이름을 모르는 사람은 없을 정도로 유명
세도 누렸다고 한다.

신형 오토바이

길이? 굵기?

1966년 영국의 맨 섬(Man Island)에서 열린 국제 오토바이경주대회에서는 엄청난 신화가 창조됐다. 일본의 혼다 사가 만든 신형 오토바이가 1위에서 5위까지 휩쓸며 '메이커 챔피언 상'까지 석권한 것. 이를 계기로 혼다 사는 세계시장의 절반을 움켜쥐게 됐다.

비결은 바로 자신만의 노하우를 십분 살린 발명으로, 주인공은 회사의 최고경영자인 회장 혼다. 그는 타고난 창의력과 투지를 바탕으로 오토바이 신화를 만들어 낸 세계적인 기업인이자 발명가다.

오토바이 국제레이스는 실린더의 용적, 즉 배기량의 크기에 따라 경기가 진행된다. 배기량이 같은 엔진을 부착한 오토바이끼리 경주를 하므로 단위(cc)당 파워를 높이는 것이 관건임은 당연한 사실.

누구나 아는 상식이지만 당시로서는 누구 하나 섣불리 덤벼들 수 없을 만큼 어려운 과제였다. 여기에 첫 도전장을 낸 사람이 바로 혼다. 우선 엔진의 압축비를 높이는 연구부터 시작했다. 그러나 잦은 노킹현상 때문에 길이 막히자 다른 공략법으로 선회했다.

'회전수를 늘려 보자, 그만큼 파워가 높아질 것이다.'

이론적으로는 그럴 듯했으나 이것 역시 만만치 않았다. 시행착오를 되ㄴ풀이하길 수십 번, 보통사람 같

순건의 아이디어에서 탄생한
세계적 특허발명 이야기 2

으면 여기서 좌절하겠지만 혼다의 집념은 대단했다.

연구가 거듭되던 어느 날, 그는 '난로는 연통의 길이나 굵기에 따라 연소상태가 달라진다'는 원리를 떠올렸다.

'그렇다. 마찬가지 원리로 홉 배기관의 길이나 굵기에 변화를 주면 실린더 내의 부압(Negative pressure)과 혼합기가 들어가는 양도 달라질 것이다.'

성공이었다. 그때까지의 방법으로 혼합기를 용적의 70퍼센트 정도 내보내는 데 그쳤으나, 혼다의 아이디어를 적용한 결과, 무려 120퍼센트나 채워 넣을 수 있었다.

이에 따라 마력이 두 배 가까이 껑충 뛰었다.

특허출원 – 대량생산 – 엄청난 판매. 흡사 미리 스케줄이 잡혀 있는 것처럼 일은 3박자로 진행됐고, 국제 오토바이경주에서 싹쓸이까지 하자 세계에 '혼다 열풍'이 휘몰아쳤다.

전등부착 드라이버

개인발명가나 중소기업이 발명으로 성공하려면 대기업이 침투하기 힘들거나 눈독을 들이지 않는 분야를 집중 공략해야 한다.

즉 간단한 아이디어 상품이면서도 많은 사람들이 절실히 필요한 아이템을 찾아내는 것이 승부를 가르는 열쇠다.

이 같은 사례 중 가장 돋보이는 것은 30년 전 일본 나가모리 전기회사 연구팀에 의해 세상에 나온 '전등을 부착한 드라이버.'

각종 드라이버를 생산, 판매하는 이 회사 연구팀 멤버는 3~4명에 불과했다. 그것도 말이 연구원이지 실제로는 다른 업무까지 겸한 사원들이었다.

날로 매출이 줄어들자 연구팀은 돌파구를 찾기 위해 새로운 상품개발에 착수했다.

이들이 가장 먼저 파고든 작업은 시장조사. '현장으로 가라'는 이치에 따른 것이었다. 그 결과 재미있는 사실을 발견한다.

이때까지만 해도 드라이버의 용도는 기계 겉 부분의 나사못을 풀고 조이는 작업에 초점을 맞춘 것이 고작.

그러나 실제로는 기계 속 구석지고 어두운 곳에 박혀 있는 나사못을 만져야 할 경우가 더 많았다.

문제점이 드러나자 연구팀의 과제도 분명해졌다.

'이것을 산뜻하게 해결할 좋은 방법이 없을까?'

하지만 쉽사리 얻어질 것으로 믿었던 구체적 아이디어는 좀체 떠오르지 않았다.

또 다시 현장을 찾아 나섰다. 현장 기술자들이 과연 어떤 노하우를 살려 작업을 하고 있는가를 확인하기 위해서였다. 기술자들은 손전등으로 구석구석을 비추며 끙끙대고 있었다.

'그래, 드라이버에 손전등을 추가하면 만사 해결이다.'

드라이버 자루를 투명한 플라스틱으로 대체하고, 그 속에 전지와 꼬마전구를 넣은 다음, 자루 끝을 렌즈형으로 만들어 전구에서 나온 빛이 드라이버 끝에 집중 투사되도록 고안했다.

생산 즉시 시원시원하게 팔려 나가면서 팬 아메리

카 사를 비롯하여 일본방위청 등 국내외에서 주문이
쇄도했다.

　매출액에 대한 정확한 기록은 없으나 생산개시 2년
도 채 못 돼 나가모리 전기회사는 힘들이지 않고 대기
업 리스트에 올랐다.

토니 파마 발명

'뜻이 있는 곳에 길이 있다.'

미국인 네이슨 헐리스의 '토니파마' 발명은 이를 잘 입증한다.

40세가 넘도록 조그만 미용재료 가게 주인에 불과했던 헐리스. 하지만 그가 끊임없이 추구한 발명정신은 새로운 삶을 만들어 냈다.

중년에 이르도록 영세업자를 벗어나지 못하면 꿈을 포기하게 마련. 하지만 헐리스는 달랐다.

'기필코 발명으로 대사업가로 발돋움하겠다. 언젠가는 때가 오겠지.'

주변에서 벌어지는 사소한 일까지 꼼꼼히 관찰하면서 틈만 나면 발명에 몰두했다.

수십 가지에 도전했으나 결과는 번번이 신통치 않았다. 그러던 어느 날, 헐리스는 화장품을 납품하기 위해 단골거래처인 미장원에 들른다. 5~6명의 여자들이 파마를 하고 있었는데 그 중에는 그의 아내도 끼어 있었다.

머리를 태울 만큼 뜨거운 열을 내뿜는 커다란 통 같은 것을 뒤집어쓰고 있는 여자들의 모습은 보기에도 딱했다. 그뿐만이 아니었다. 아무리 아름다워지는 것이 좋다지만 굳이 비싼 돈을 주고 오랜 시간 동안 그런 고문(?)을 받을 필요가 있을까 하는 생각도 들었다.

'집에서 스스로 간편하게 파마를 할 수 있는 기구를 만들면 어떨까.'

반짝하여 그의 머릿속을 스친 아이디어. 단숨에 집으로 돌아온 그는 이내 연구에 착수했다. 이런저런 책을 뒤적이고 전문가를 찾아 모자란 지식을 채운 후 웨이브 액 중화제, 머리를 마는 클립(Clip), 고무 밴드를 만들었다. 이어 특허출원을 마치고 이것을 분홍과 흰색의 선으로 꾸며진 예쁜 상자에 넣어 판매에 나섰다.

아니나 다를까, 여자들은 이 편리한 파마기구를 사려고 줄을 이었다. 이때가 1944년. 첫해는 80만 달러, 이듬해에는 400만 달러나 매출을 올렸다. 1946년에는 '토니파마'라는 상호와 상표가 미국 전역에 알려졌고 다음 해에는 프랑스와 영국에까지 진출했다. 하늘 높은 줄 모르고 치솟는 토니파마의 인기 때문에 큰 타격을 받은 미장원들은 이를 만회하려고 100만 달러의

자금을 모아 역선전에 들어갔으나 뚜렷한 장점을 갖춘 토니파마의 열기를 누르기엔 역부족이었다.

이 놀라운 성장을 지켜본 질레트 사는 헐리스의 특허를 2,000만 달러에 사들였다. 그리고 헐리스를 부장 자리에 앉혔다.

플로피디스크

개인용 컴퓨터(PC) 기록매체로 한때 가장 널리 쓰였던 플로피디스크는 누가 발명했을까?

일본의 발명가 나카마쓰 요시로가 그 주인공이다. 그는 '일본의 에디슨'으로 불릴 만큼 많은 발명을 하여, 전대미문의 최다 발명특허 세계기록 보유자이기도 하다. 나카마쓰가 지금까지 낸 발명특허는 3,000여 건으로 진짜 에디슨보다 많다. 이 때문에 미국 콜로라도 주에 본부를 두고 있는 국제발명가협회(인터내셔널 테슬라 소사이어티)는 아르키메데스 및 마리 퀴리 등과 함께 나카마쓰를 역사상 가장 영향력 있는 5명의 과학자 중 한 명으로 꼽고 있을 정도다.

1952년의 어느 날, 나카마쓰는 베토벤의 5번 교향곡을 감상하며 휴식을 취하고 있었다.

'흐음, 베토벤의 「운명」은 역시 웅장해. 슬픔에 차 있는 사람, 희망을 잃고 방황하는 사람들로 하여금 암흑에서 광명으로 나아가게 하는 빛의 음악이 맞아…'

그런데 문제는 전축에서 돌아가고 있는 음반이 오래된 탓에 음질이 좋지 않았다.

"아휴! 이 좋은 음악을 음반이 다 망치고 있네. 모처럼 음악 감상 좀 하려 했더니…"

평소에도 음악을 좋아하던 그는 약간 짜증 섞인 목소리로 투덜거렸다.

"에이 참, 무슨 좋은 방법이 없을까? 좋은 방법이!"

그는 마침내 자리를 박차고 일어났다. 그리고 어떻게 하면 잡음이 없는 교향곡을 들을 수 있을까 생각하였다.

그러던 어느 날, 그의 머릿속을 불현듯이 스치고 지나가는 생각이 있었다.

'오래된 음반 위에서 돌아가고 있는 바늘이 문제야. 차라리 바늘 없이 음악을 들을 수 있는 전축이라면 문제가 없을 텐데… 바늘 없는 전축!'

나카마쓰는 곧 바늘 없는 전축을 고안하기 위해 연구를 시작했다. 밤낮으로 발명 작업에 몰두한 결과, 그는 초기 형태의 플로피디스크와 드라이브를 발명하는 데 성공했다.

"됐다. 됐어! 이만하면 충분해. 이젠 잡음 없는 아름다운 교향곡을 제대로 감상할 수 있게 되었어. 자 자 자 잔 …."

그는 어린애처럼 뛸 듯이 기뻐했다. 지난 1979년,

그는 플로피디스크 관련 특허들을 미국 IBM 사에 팔았다. 로열티 액수에 대해서는 굳게 입을 다물고 있지만, 그가 발명으로 벌어들인 개인 재산은 약 600억 원에 이르는 것으로 알려져 있다.

"발명의 비결이 무엇입니까?"

어느 기자의 질문에 나카마쓰는 이렇게 대답했다.

"다른 사람보다 10~20년을 앞서 살아가는 것이지요."

그는 작업에 몰두하기 위하여 식사 시간을 아끼려고, 하루 한 끼 식사만 한다. 그러나 하루 한 끼의 식단은 철저히 영양가를 고려하여 짠다.

"왜 매일 식단을 꼭 사진 촬영해 두시지요?"

그의 생활 습관을 이상하게 여겨 묻는 질문에 그는 이렇게 대답했다.

"그것은 며칠 후 좋은 아이디어가 떠오르면, 거기에 어떤 식품이 기여했는지를 조사하기 위해서입니다."

그렇게 철저하게 관리하며, 연구에 몰두하는 그는 잠도 오전 4시부터 8시까지 4시간만 잔다고 한다.

생리대

매달 여자들에게만 찾아오는 손님. 웬만큼 눈치가 없는 사람을 빼놓고는 남녀구분의 표시인 '생리'를 금방 떠올리게 된다.

불과 50여 년 전까지만 해도 여자들은 이 손님을 기

저귀라는 원시적인 수단으로 맞이해야만 했다.

그러다보니 귀찮고 짜증나는 건 둘째 치고 여간 불편한 게 아니었다. 아무리 단단히 동여매도 흘러나오는 것은 예사였고, 동여맨 자국마저 옷 위로 표시가 나 마치 광고(?)라도 하는 것 같아 외출조차 두려웠다.

이 같은 문제를 말끔히 해결하여 지구촌 여성들을 '생리의 공포'로부터 해방시킨 사람은 일본의 사카이 다카코 여사.

회사원이었던 사카이 여사도 생리 때문에 심할 때는 출근조차 할 수 없었던 경우가 한두 번이 아니었다.

'생리를 감쪽같이 치를 수 있는 방법이 없을까.' 사카이 여사는 몇 년째 끙끙 앓으며 자나 깨나 이 방법을 생각하고 있었다.

그러던 어느 날 소문을 들은 후배 하나가 그녀에게 다음과 같이 귀띔해주는 것이 아닌가.

"흡수성이 강한 종이(화장지)로 만들면 흘러나올 염려도 없고 화장실에서 감쪽같이 갈아 끼울 수 있잖

아요."

사카이 여사는 귀가 번쩍 뜨였다. 즉석에서 20만 엔을 주고 이 아이디어를 사들였다.

우선 모든 종이를 모아 그 중 흡수성이 가장 강한 것을 찾아내 알맞은 크기로 접었다.

다음은 흘러나옴을 방지하기 위해 겉 부분에 엷은 방수 막을 처리하고, 착용이 편리하도록 부위에 따라 두께와 크기를 조절했다.

약품을 이용한 위생처리도 잊지 않았다. 연구는 여기에서 우선 일단락.

사카이 여사는 때마침 찾아온 생리를 이것으로 맞아 보았다. 흘러나오지 않고 표시가 나지 않는데다 날아갈 듯이 편리했다.

'이 편리함을 모든 여자들에게 나눠 주자.'

특허등록을 마친 후 서둘러 회사를 설립하고, '안네'라는 상표로 생산을 개시했다.

소문은 순식간에 번졌다. 상표명도 무드가 넘쳐 부

순간의 아이디어에서 탄생한
세계적 특허발명 이야기 2

끄러움을 많이 타는 여중생까지도 스스럼없이 찾았고, 어느 약국에서든 '안네' 하고 속삭이기만 해도 금방 알아들었다.

매월 어김없이 5,000만 여 개가 팔려 나갔다. 수출 요청이 쇄도했으나, 국내 시장을 감당하기에도 벅찬 정도였다.

생리대는 폭발적인 인기를 끌며 3년이 채 안 돼 세계 여성들을 생리의 공포로부터 해방시켜 주었다.

'안네' 회사는 이 발명 하나로 거뜬히 중견기업의 대열에 올라섰다.